Aunque vuelvas a tener miedo

Manu Erena

Aunque vuelvas a tener miedo

Papel certificado por el Forest Stewardship Council®

MIXTO
Papel procedente de
fuentes responsables
FSC® C117695

Primera edición: febrero de 2023

© 2023, Manu Erena, por los textos
Representado por Editabundo Agencia Literaria, S. L.
© 2023, Penguin Random House Grupo Editorial, S. A. U.,
Travessera de Gràcia, 47-49. 08021 Barcelona
© 2023, Sabah Kd., por las ilustraciones
Diseño de la cubierta: Penguin Random House Grupo Editorial

Printed in Spain – Impreso en España

ISBN: 978-84-18051-81-4
Depósito legal: B-21518-2022

Compuesto en M. I. Maquetación, S. L.

Impreso en Rotoprint By Domingo, S. L.
Castellar del Vallès (Barcelona)

PB 5 1 8 1 4

Este libro os lo dedico a vosotros.
A todos los que temen, aman y luchan cada día.
Gracias por acompañarme en esta historia

A todos los que temen

Aunque haga daño, prefiero herirme
antes que irme y ser dos extraños.

AITANA, «No te has ido y ya te extraño»

I'd say you broke my heart
but you broke much more than that.
Now I don't want your sympathy,
I just want myself back.

OLIVIA RODRIGO, «Enough for you»

¿Cuántas metáforas recorro
en modo de socorro
para decirte que a veces me odio?

BELÉN AGUILERA, «Camuflo»

Guerra civil

A veces desgastaría
mis cuerdas vocales
para que alguien pudiera escucharme,
para poder intentar deshacer
ese nudo que se forma en mi estómago
cada vez que siento que el
enemigo se acerca,
capaz de asfixiarme hasta
que no pueda respirar,
de bloquear mi mente hasta
que yo mismo esté en mi contra,
de provocar tantas nubes que termine
buscándome a ciegas sin poder esconderme.

Como una guerra civil
en la que he perdido cada una
de mis balas para impedir
que termine luchando
contra aquel que
desgastaría sus cuerdas vocales
con tal de que alguien
sea capaz de escucharle.

Estás aquí

Estás aquí,
al otro extremo de mi cama,
preparándote para quitar
la poca luz que me queda,
viendo cómo tiemblo del miedo
con cada una de las inseguridades
que has ido creando cada vez
que te acercas demasiado a aquello
que escondo para que no puedas
arrebatármelo.

Y aun así no quiero que te vayas,
no quiero huir de ti
(aunque sí de lo que me haces sentir).

Esa voz de la que no puedo hablar

Desde hace mucho, aquí
solo hay tristeza cuando
es esa voz la que me habla
y me dice que todo esto
no se lo va a llevar el tiempo,
que cuanto más intente
alejarme de ella,
más me acercaré al vacío.

Y me termino haciendo
cada vez más pequeño,
sin saber quién era antes
o quién seré a partir de ahora,
hasta que llegue un final
donde pueda dejarla atrás
sin sentirme desnudo
para que no pueda
volverme a atrapar.

Un final que me deje
regresar a los días
en los que las entradas
contaban con sus salidas y
cada uno de mis silencios
tenían una explicación,
en los que irse a la cama
no era una lucha
para evitar encontrarme
con ella a solas,
con esa voz que solo
quiere quitarme
cualquier respuesta que
me ayude a entender
qué es lo que pasa aquí dentro
y cómo puedo escapar.

Una voz que ha venido para acorralarme
hasta en las paredes más seguras
entre las que me pueda resguardar.

Una voz que a veces siento
que solo me quiere matar.

Tal vez

Ahora mismo no quiero hablar
sobre lo que me pasa cada vez
que todos desaparecen
y me digo a mí mismo
que estaré bien cuando no sé
ni cómo he llegado hasta aquí.

Solo tengo ganas de mentirme,
pero tal vez esto forma parte del amor;
tal vez no querían hacerlo,
pero era necesario para que cambiase;
tal vez soy yo el problema;
tal vez todo estaría mejor
si me marchase de aquí.

Vuelta a casa

Siempre he querido que despegases,
pero ahora verte desde abajo
y a tanta velocidad
hace que todo sea más difícil
desde aquí.

No quiero tener que explicarme
lo que siento
cada vez que te vas
(aunque si te fijas en la manera
en la que te miro,
podrás entenderlo todo).

No quiero perder la oportunidad
de recorrernos las calles de Roma,
pero ahora apenas sé si podremos
coincidir en Madrid.

Por favor, vuelve a casa.
Da igual si es por un segundo
o si te olvidas de
deshacer las maletas
con tal de que vuelvas a ser mi hogar.

Sé que suena egoísta,
pero no quiero que te olvides
de todo lo que dejas aquí.

Mitades

Nos han obligado durante
tanto tiempo a obsesionarnos
por encontrar una media naranja
con la que poder conectar
todas nuestras mitades
que ahora están destrozadas
porque nunca nos hemos parado
a reconstruirlas por nosotros mismos.

Lo que ha llovido

Cada gota que, sin parecerlo,
lo hundía todo un poco más;
cada vez que esa persona se iba
y te convertías en una tormenta
que arrasaba con cualquiera
que se te cruzase.

Ese sonido que oías fuera
y que no querías
que entrase
por si decidía perseguirte
hasta que te cansases de nadar.

El recuerdo de cuando
te ahogabas pensando
que nunca se acabaría.

Ha pasado mucho tiempo
desde entonces,
ha llovido bastante.

Soluciones

Me duele intentarlo todo mil veces
y sentir que retrocedo sin parar,
que no puedo avanzar.

Saber que, en el fondo, estoy perdiendo
una versión de mí que pensaba
que nunca echaría de menos y
ahora tengo miedo de que no vuelva,
de quedarme sin saber
qué pasará después de esto.

Pero el error siempre es mío
por intentar buscar soluciones
en un sitio donde solo
se necesita una ayuda
que no soy capaz de aceptar.

Ander

A veces se calla para intentar escucharse, pero
su voz se pierde cada vez más entre sus miedos,
o deja de prestar atención a lo que está
sucediendo dentro de él porque fuera hay
demasiado ruido como para preocuparse.

Y le aterra, no os imagináis cuánto, sobre todo
cuando los recuerdos pesan tanto que es incapaz
de cogerlos a la vez y termina desordenándolos
y cogiendo otros nuevos para intentar
disimularlo, hasta crear todos los escenarios
posibles en su cabeza en los que todo lo que
le rodea no es tristeza y sus ojos no están
cansados de reflejar algo de lo que no es capaz
de hablar.

Y creo que ahí está el problema. Le cuesta tanto
gestionar la rabia porque no sabe cómo
demostrar todo lo que vale, de lo que es capaz,
y no quiere quedarse esperando a algo que no
sabe si realmente va a ser para él.

Ojalá pudiera hablar contigo, Ander. No sé
realmente si te estarán esperando en la próxima
parada de metro, pero sí sé que te tienes a ti
por más que huyas e intentes sabotearte,
que llegará el momento en el que seas capaz
de escribir tus propias historias en las que no
necesites personajes secundarios ni tramas
de ensueño, en las que solo tú te hagas falta.

Dame la mano, solo será un momento. Hasta que
la tormenta pase y nuestros caminos se separen.

Espero que no vuelvas a sentirte invisible. Sé de
sobra que tienes mucho amor para dar, para
darte.
Y también que encontrarás ese sitio donde no
necesites a nadie para estar a salvo, donde
puedas sentirte vivo, donde estés como en casa.

Valientes

Fingimos que no nos importa
y de esa manera mostramos
al mundo lo débiles que
podemos llegar a ser
porque pensamos que nadie
los va a ver si escondemos a los valientes.

A los valientes
que pasan cada uno de sus días
obligándose a leer
un cuento que no está escrito para ellos.

A los valientes
que no pudieron salvarse
porque puede que su paracaídas
cayera demasiado rápido.

A los valientes
que no saben cómo podrán
olvidar todo lo que han vivido,
pero siguen avanzando con el dolor.

A los valientes que tienen miedo
pero no quieren huir más.

Cenizas

Creía que el amor
nos salvaría en algún momento,
aunque ya habían pasado años
de aquello,
aunque ya había otros que nos
rodeaban y que nos impedían
mirar atrás.

Me acuerdo de cada una de tus frases,
de las tardes en tu portal,
la risa que me ha machacado
durante meses para que,
de alguna forma,
me viera obligado a buscarte
cuando todo lo que tenía
se había esfumado
como flores marchitas
que intentas revivir
bajo la lluvia,
como fantasmas que vuelven
para recordarte lo que existió en su día
y que creían poder salvar,
pero se había dañado para siempre.

Lo que se fue

Siento que todo se está acabando
poco a poco
y cada vez más rápido
dejando que me pisen,
olvidándome de correr,
esperando tocar fondo
hasta que he dejado de ser yo.

Laberinto

Desde que te mantienes alejado
de la tormenta, no quieres
mirar atrás.
Ya no importa nada,
ya se ha ido todo.

Puede que, al final, abandones
si no eres capaz de aceptar
que ya no hay nada
que se puedan llevar de ti.

Ahora solo quedas tú
y la manera en la que
lo conviertes todo en un juego
que no viene con manual de instrucciones,
en el que no vas a cambiar las reglas.

Solo sobrevives
e intentas caminar
lo más deprisa posible.

Aunque te pierdas
y no haya nadie a quien
puedas preguntar.

No te bastó

No te bastó con llevarte
cada parte de mí,
sino que me dejaste indefenso,
sin poder sentir de verdad otra vez.

No te bastó con apartarme
de todo lo que quería,
sino que cuando me alejé de ti
hiciste que no pudiera
volver a todo lo demás.

No te bastó con que
solo pensase en ti,
sino que dejaste que yo mismo
me pisoteara para que no pudiera
querer a alguien más.

No te bastó con lo que te llevaste,
sino que me dejaste solo con
un recuerdo que creo
que nunca podré olvidar.

Nos dimos cuenta

Lo difícil que fue darnos cuenta
cuando nos mentíamos por la manera
que tuvimos en su día de mirarnos
y olvidarnos del motivo
que tuvimos para alejarnos,
pasando por alto cualquiera de
nuestras cicatrices,
queriendo volver
a lo que nos ayudaba a despegar
pero que, sin haber llegado,
ya tenía ganas de irse.

Y ahí nos dimos cuenta
de que lo que echábamos de menos
puede que sea una versión
de alguien que ya nunca va a volver
o la idea de lo que pudo llegar a ser.

A veces, decir adiós también
es otra manera de querer a alguien,
de quererte a ti.

Dependencia

Sé que no es exactamente
como lo imaginabas,
pero te prometo que sigo en ello.

Para mí no es fácil
verte con otros ojos.
Dime qué tengo que
hacer para cambiarlo,
para no depender de nadie más.

Para que no me cueste respirar,
para que deje de sentir que me quemo,
para encontrar la manera de volver a mí.

Confesiones

Si te obligaste a dejarle ir
aun después de todo
lo que vivisteis juntos,
¿por qué ahora no eres
capaz de olvidarle?

Gris

Quizá el mundo
gira demasiado rápido
y se nos olvida preguntarnos
si todo está bien,
o no nos acordamos de activar
cada uno de nuestros sentidos
cuando no sabemos a dónde ir.

Y puede que la manera
que tenemos de vernos
sea la respuesta a por qué
está todo tan nublado,
que hace que los veranos
pasen como tormentas
interminables,
que hace que el invierno
nos congele hasta que
no entendamos por qué no duele.

Y me da pena
darme cuenta de que camino
por un mundo gris
que solo gira,
que no piensa cambiar.

Debería irme a casa

Lo que dicen
corta tan adentro
que a veces pienso
que lo hacen para que aprenda
a quedarme sentado en mitad
de una pesadilla en la que
no quiero seguir viviendo.

Y no sé por qué trato
de ser tan sincero
en una habitación
llena de gente con la que
no puedo reconocerme
y con la que siempre termino
contando mis lágrimas
en alguna acera.

Debería irme a casa.
No quiero sentirme así.
Me duele ver que nadie necesita
que quiera quedarme aquí.

La pared

Estoy aguantando
ese dolor en el pecho que
me confunde hasta el punto
de inventarme el pasado
para así no tener que aprender de él,
complementándolo con finales
en los que no terminé de contar
toda nuestra historia.

Porque espero continuarla contigo,
aunque el mundo nos divida
con una pared que impide
que esta noche nos podamos esperar.

Lo que nunca te dije

Gracias a ti ya no sé
cómo querer correctamente,
sin palabras vacías
ni abrazos que parecen puñales
que me atraviesan hasta dentro,
donde solo hay rabia
mezclada con todas las partes
que se han esfumado de ti
y que creo que no van
a volver.

Te culparé de todo,
hasta que llegue alguien
que no joda todo lo que toque,
hasta que deje de preguntarme
por qué dueles tanto si
nunca te has preocupado
por ayudar en este desastre.
Ahora solo hay barreras
que un día construí
por si vuelvo a cruzarme
con alguien como tú,

aunque tus chistes evitasen
que todo estuviera apagado,
aunque antes no me preocupase
por pasar noches a solas.

Es difícil de explicar,
porque sé que yo ya no voy a estar aquí
y tú no vas a ser capaz de estar,
porque sé que nunca vas
a dar el cien por cien,
porque sé que contigo todo serán dudas
y ya no quiero forzarlo más
ni encontrar atajos para evitarlo.

Tendré que obligarme
a dejar de intentarlo
y a coser heridas que
no tendrían por qué sangrar.

Sé que puede que me arrepienta
si no soy capaz de perdonarte,
pero también sé que aquí
no queda ningún sitio para ti.

Retrocesos

Te quiero sabiendo
que no puedo hacerlo.

Después de aprender
de todo lo que había dejado atrás,
permití que algo de ti
se colara dentro de mí
para que termines yéndote
sin despedirte una y otra vez,
dejándome a solas
con un monstruo que
todavía no puedo controlar,
aunque lo intente hasta romperme,
y después retrocedo para
intentarlo de mil maneras
que terminan fracasando,
hasta que termino arrastrándome
una vez y otra vez para buscarte,
para pedirte un perdón
que ya no te mereces.

Y aunque quiera mentirme
a mí mismo,
creo que no te lo vas a merecer nunca.

Pedir demasiado

Solo quiero que me quieras,
o por lo menos que lo intentes.

Solo quiero que lo intentes,
o por lo menos que me mientas
para que crea que lo estás haciendo.

Solo quiero que me mientas,
o por lo menos que dejes de mirarme
de esa manera cada vez que nos cruzamos.

Solo quiero que dejes de buscarme
o, por lo menos, que todo esto se acabe
si no vas a quererme aquí.

A todos
los que aman

All I need is to find somebody.
I'll find somebody like you.

KODALINE, «All I Want»

Lights will guide you home
and ignite your bones
and I will try to fix you.

COLDPLAY, «Fix you»

If I could change the way
that you see yourself,
you wouldn't wonder
why you're here.

BILLIE EILISH, «Everything I wanted»

Lo saben

Tu amiga lo sabe porque se dio cuenta
de la manera en la que has mirado
al mundo durante estos meses.

Mamá lo sabe porque escucha
cómo se te rompe la voz
cada vez que intentas evitar el tema.

El abuelo lo sabe porque
ya no tienes las mismas ganas
de contarle las cosas de siempre.

Tú lo supiste cuando
ya no eras capaz de pedir ayuda
para poder solucionarlo.

Pero solo tienes que intentarlo,
por ti y por un mundo que está
ahí fuera esperándote,
por la gente que sabe
todo lo que vales y que va a
ayudarte a caminar
si tú no puedes hacerlo.

Créeme, sanarás cuando
seas capaz de hablar de
todo aquello que te duele.

Poco a poco,
y cada vez dolerá menos.

Lo que quiero

Quiero que me dejes quererte,
a ti y a cada una de tus cicatrices
que, aunque te sigan doliendo
porque están llenas de miedo,
van a ayudarte a que no vuelvas
a estar al borde del acantilado.

Mamá

Mamá,
quiero volver a casa
con la maleta vacía,
con estas páginas que me están
pidiendo a gritos que las tire,
con los brazos abiertos
para poder abrazarte,
con lágrimas que solo
me hacen quemaduras,
con las piernas cansadas
de correr al no encontrar
un lugar tan seguro como tú.

Mamá,
necesito curar mis heridas antes
de tiempo para poder ayudar
a coser las tuyas,
calmar al monstruo de debajo
de mi cama para que no
tengas que ahuyentarlo
otra vez más.

Mamá,
quiero darte las gracias
por recordarme de dónde vengo
y al sitio al que siempre podré volver,
por enseñarme lo bonito que
puede llegar a ser que alguien
te quiera tal y como eres
y a la vez ayudarte a evolucionar.

Mamá,
te quiero fuerte,
todos los días
y para siempre.

Todo lo que sé sobre mí

Hace poco he empezado
a fijarme en lo que hay dentro de ti,
aunque llegue a confundirme un poco.

Hay días en los que
no te apetece salir de la cama,
aunque el cielo esté despejado,
no eres de muchas fiestas
ni de abrirte a los demás
tan fácilmente
y te da mucho miedo lo que la gente
llegue a decir sobre ti
a pesar de que digas lo contrario.

Pero también sé que lo que sientes
se va con el tiempo
y al final todo vuelve a su lugar,
que no pasa nada si todavía
no has encontrado tu sitio
y que necesitas tiempo para entenderlo,
para seguir adelante.

Sé que eres fuerte
y que todo estará bien.

Imposible

Eres ese sentimiento atrapado
que nunca voy a poder soltar,
como cuando te dejaste caer
sobre mis brazos
y a pesar de estar cansado
te agarré con fuerza
el máximo tiempo posible.

Y supongo que
todo cambió con el tiempo,
aunque ya no te pueda olvidar.

Seguir sin ti

No sé cómo hacer
para no echarte de menos.
Quiero volver a verte para
que nuestras manos puedan juntarse,
pero solo miro al cielo
para poder sentirme cerca de ti
y olvidar que estoy atrapado
en un silencio que
sin querer dejaste aquí.

Y creía que era más fuerte,
que en algún momento te olvidaría,
pero me caigo y me siento
un mentiroso porque te prometí
que podría seguir sin ti.
Me desespera no poder volver
a esos días en los que hacías
que me viera entre toda la multitud.

Ahora te llevo a todos lados
y en cada uno de mis recuerdos
para que no sea el vacío
el que crezca.

Para creer que en algún momento
voy a poder volver a verte.

Quizá

Quizá las dudas que tenía
eran una simple nube que me impedía
ver todo lo que tenía delante por cuidar,
sabiendo que podía caer en cualquier momento
si no me agarraba lo bastante fuerte
o si empezaba a confundir
el «me quisiste» con el «me querrás».

No pudiste evitarlo,
fuiste el ejemplo de que
hay finales que te obligan
a empezar desde cero.

Y aunque se supone
que el tiempo todo lo cura,
dime qué hago yo con un amor
que lo hizo todo oscuro
cuando yo solo quería luz.

Volver a empezar

Tengo la sensación de que
todo se acaba si no eres tú
quien va a volver
para poder arreglar
todo lo que destrozamos
cuando tú querías que volara
sabiendo que no era capaz de
despegar sin ti.

No quería olvidarte
porque siempre he sabido
que tú y yo
nunca hemos entendido
de calendarios ni de finales.

Pero espero que todo continúe
y que encontremos
cualquier término medio
que solucione lo de nosotros dos
hasta poder encontrar
la manera de calmar
lo que escondo dentro

de mis diarios para que
todo vuelva a estar bien.

Así que:

¿cómo estás?
    ¿sigues ahí?
        ¿te acuerdas de lo que vivimos?
            ¿quieres volver
                a empezar?

Separados

Tengo mis ojos encharcados
porque saben que soy yo
a quien llamas cuando
no tienes nadie con quien bailar.

Mis manos están cansadas
de pintar un lienzo en el que
son todo grises desde que
decidiste llevarte el color.

Ahora dime,
¿qué quieres que haga con esto
si yo solo quería demostrar
que el amor adolescente también
podía durar toda la vida?

Sigo aquí

Has dejado tanto en mí
que iría una y otra vez a buscarte
cada vez que no sepas hacia dónde correr.

Has dejado tanto en mí
que quién soy yo para decirte
que no te puedes ir.

Seguiré aquí
para protegerte.
Por si algún día decides
hacer lo mismo.

Especial

Ojalá que mi mirada te ayude
a encontrar cualquier respuesta
y que la tuya me conteste
cada vez que me cruzo con ella.

Cada día me esfuerzo más
por demostrarte de lo que
seríamos capaces,
que estoy aquí,
de lo mucho que se
eriza mi piel cada vez
que oye tu voz porque eres
como un abismo en el que
estaría encantado de caer.

Necesito saber
qué va a pasar con nosotros
porque nunca antes
había querido tanto
que alguien se quedase,
aun sin conocerle al completo.

Porque, al final,
eres diferente a los demás.
Y siempre harás que me
sienta alguien especial.

Museo

Tienes que irte lejos,
hasta que aprendas a abrir
nuevas puertas que te ayuden
a coser todas las heridas
que te has hecho por
culpa de los demás.

Me jode que no puedas
verte con mis ojos,
porque así podrías salvarte
cada vez que los tuyos se inundan
al no recibir todo el amor
que eres capaz de dar.

Necesito que grites tu silencio
para que puedas enamorarte
de lo que hay dentro de ti.

No quiero que seas un museo
que no es capaz de pararse a admirar
todo el arte que hay dentro de él.

Estrellas

Han pasado dos años
desde que decidí quedarme aquí,
porque desde donde te veía
hacía tiempo que había dejado
de buscarte.

Estaba perdido y me prometiste
enseñarme a no hacerme más daño,
pero solo te acordaste de
mandarme cartas a medio escribir
y de las que ahora no soy
capaz de hablar.

Y aun después de todo,
sigo esperando a la persona
que me ayude a contar
las estrellas de mi piel,
que nunca dejaron de brillar.
Aunque pensara que
no encontraría la salida,
aquí siempre tuve un hogar.

Alguien mejor

No sé si podré pedirte perdón
por abandonarte para
cuidar una luz
que se está apagando
cada vez más
y por hacer que te sientas culpable
por no luchar por esto,
sabiendo que a lo mejor
el problema es que soy
demasiado egoísta
y no pude dejar de pensar
en todo lo que no he sido
capaz de explicarte.

He tenido que cerrarte la puerta
porque no quiero volver
a echarte de aquí,
con un ruido enorme
que solo grita que
no voy a ser suficiente para ti.

Y te escribo esto aguantando
cada una de las lágrimas
que no he podido darte nunca
porque pensaba que
así te irías,
sin tener la culpa de nada,
con las miradas más sinceras,
con un «te quiero» que
por un momento hacía
que me olvidase de todo lo demás.

Pero al final del día
siempre sabré que te mereces
a alguien mejor que yo.

A tu lado

Ayúdame a encender la música
que falta aquí dentro,
enséñame a bailar después
de reírte al ver lo mal que se me da,
terminemos la serie
que me dejé a medias,
acompáñame a ver el atardecer
para que me acuerde de ti
cada vez que lo vea,
quédate a mi lado
haciéndome feliz.

Mientras curaré lo que
otros no quisieron cuidar.

Cara B

Me estoy engañando.
Sé que este no es mi sitio.
Y, aunque siempre termine apartado
de algo que pensaba que era especial,
no quiero irme ni acabar
perdido en una ciudad
que nunca me he atrevido
a conocer solo.

Pero ya no voy a quedarme
hasta tarde pegado al teléfono
por si deciden contestarme
ni voy a seguir fingiendo que vamos
a conseguir ser algo especial
cuando al final siempre
se van a llevar una parte de mí.

¿Desde cuándo para querer
a alguien hace falta dejar
de quererse a uno mismo?

Volver a verte

Sigo sin saber por qué
estamos forzándonos
cuando los dos tenemos ganas
de terminar esta conversación
que solo hace que acabemos
llorando por algo que no podemos arreglar.

A lo mejor necesitamos más tiempo
para olvidar lo mucho que
nos ha costado estar lejos y poder crecer,
para poder curarnos de lo que
nos hicimos sin querer,
para poder escribir un mensaje
que nunca fuimos capaces de enviar.

Contigo

Deja que me quede
acariciando cualquiera
de tus rincones mientras
que tus ojos me desafían
como lo han hecho siempre
hasta que me pierdo en ellos.

No sé a dónde vamos
y nunca lo he sabido,
pero sé que contigo
me despedí de un recuerdo
que pensaba que nunca se marcharía
hasta que me enseñaste
a bajarme la luna
y a dejar de perseguir estrellas
que solo hacían que me alejase más de mí.

Ahora estoy entre tus brazos
y cada centímetro de tu piel,
sabiendo lo efímeros
que podemos llegar a ser
y que a la vez me quedaría
agarrado a tu mano para siempre.

Quiéreme de la manera
más pura que puedas,
ya sea lejos de aquí
o en las mismas escaleras
donde nacieron las primeras flores.

Por favor,
no quiero obligarme a olvidar
aquel septiembre,
la primera mirada,
tus besos,
las canciones
o el querer de verdad.

Porque quiero quedarme contigo,
aunque tenga que esperarte.

«Kisses and coffee»

Lo que un día me susurraste
entre uno de los besos que
nos ayudaban a encontrarnos.

El brillo en los ojos
de cualquier pintor
al ver el arte que creaban
nuestras manos cuando se unían.

La manera en la que
nos buscábamos en
cualquier café.

Estábamos tan rotos
y a la vez tan felices juntos,
que cualquier artista lo hubiera
mandado todo a la mierda
por tenernos en su museo.

Llegará el momento

Espero que en algún momento
podamos continuar nuestra historia
sin que las dudas sean culpables
de cambiarnos hasta que
sentimos que estallamos
y que no lo podemos controlar.

Espero que el mar
vuelva a encontrarnos
cuando yo no tenga que mentirme,
cuando tú me dejes regresar.

Por favor

Aún hay temas de
los que debo hablarte,
pero no quiero que por ello
dejes de ver las estrellas a mi lado.

Necesito que me abraces fuerte
y me hagas olvidar eso
que mi cuerpo quiere
y mi corazón le niega.

Las luces de esta ciudad
cada vez brillan menos
y solo te pido que
me lleves a casa;
sabes que no podré
hacerlo por mi cuenta.

Hazlo a pesar de que
pienses que esta va a ser
nuestra última conversación.

Pocas cosas importan más
cuando crees que lo que
sientes es amor.

Apagar el fuego

Sé que hace tiempo
todo se rompió por
lo mucho que duele el amor,
cuando lo único que te importa
es también el motivo por el que
no puedes soportar más golpes.

Sé que ya no te molesta
cambiar cosas de ti
por si eres tú quien está
haciéndolo mal,
por si eso que te encoge
tanto el pecho decide irse.

Pero no quiero que
te quedes más veranos
llenos de nubes pensando
en que es normal sentirse vacío
y tener constantemente esas
ganas de vomitar que, por más
que lo intentes, no se van.

Por favor,
huye de lo que te rodea
para que puedas ver
qué es lo que está fallando,
hasta que dejes de intentar
gustar para conseguir gustarte
o de perdonar por miedo
a que el daño aumente.

Quiero que seas quien eres
realmente cuando nadie te ve,
cuando los recuerdos
ya no puedan incendiarlo todo,
cuando ya no vayan a por ti.

Porque creo que así
encontrarás la manera
de apagar el fuego.

Creceremos

Los primeros besos,
un «te espero en tu puerta»
y los famosos «espero que hoy no llegues tarde»,
todas nuestras sonrisas más sinceras,
los abrazos que sin hablar pueden
hacerte sentir como en casa.

Los amigos de siempre
que, cuando llegue el momento,
se convertirán en los de la infancia,
aquellos que no están a nuestro lado
pero que a la vez sentimos tan cerca,
esos que sabes que,
aunque pasen los años,
vas a seguir teniéndolos ahí.

Y creceremos,
puede que olvidando
todas las cosas que en su día
prometimos recordar.

Pero supongo que así funciona el amor.

Querer mucho sin preocuparnos
por todo lo demás.

Porque nunca sabremos
lo que es el amor sin despedidas,
sin miedo,
sin lucharlo.

Lo que sí sé es que quiero seguir sintiéndolo con
vosotros.

A todos
los que luchan

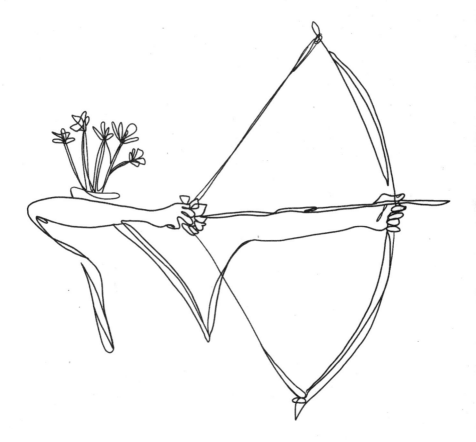

So many things I'd rather say
But for now, it's "goodbye".

JAMES ARTHUR, «Car's Outside»

You don't have to be sorry
for leaving and growing up.

HARRY STYLES, «Matilda»

When you are young,
they assume you know nothing.

TAYLOR SWIFT, «Cardigan»

Decir adiós

El amor volverá,
pero no de la misma
manera en la que llegaste tú.

Aunque no sea de tu mano
por cualquier calle de Madrid,
aunque ya no nos queden rincones
para poder escondernos de las despedidas
que nos han dado tanto miedo,
aunque la poesía ahora tenga ese sabor
amargo que solo me da ganas de vomitar
porque todo lo que escribo tiene tu nombre,
aunque el primer amor sea
el más eufórico de todos.

El amor volverá,
aunque ahora no sepa cómo dejar de quererte.

Recuerdos

Por mucho que lo intentes,
siempre vuelven
y, aunque parezcan fugaces,
terminan absorbiéndote
hasta que sientes que tus huesos
están a punto de romperse,
obligándote a que no puedas olvidar,
obligándote a que no puedas arreglar
algo que no se debería de desmontar.

Los mismos recuerdos que te hacen
aprender de algo que nunca
te has merecido y que seguramente
no puedas llegar a entender jamás.

Hasta que encuentres
la manera de ordenarlos
(o de esconderlos hasta que estés listo para
hacerlo).

Un año difícil

Ha pasado un tiempo
y sigo sin saber qué me pasa
cuando aumentan esas ganas
de enviar un mensaje que diga:
«Vuelve a casa, por favor».

Siento que no seré capaz de cambiar,
porque algo tiene que pasar
para que consiga aferrarme a
esa poca luz que a veces
se quiere ir de aquí.

Paso noches sin dormir
porque odio dejar a medias
cosas a las que prometí poner un final,
pero estos meses han sido
algo complicados
y me pongo a pensar
en todas las noches en las que
me despierto para no revivir
tantas malas decisiones,
para no amanecer en un sitio donde,

durante tanto tiempo,

nadie ha podido conocerme del todo

y entender lo que no puedo explicar.

Pero supongo que solo ha sido un año difícil.

Espejos

Intentar cambiarnos
es un arma de doble filo
que nunca hemos podido evitar,
capaz de asfixiarnos para que
no podamos respirar,
de acercarnos
a todo de lo que deberíamos huir.

Siempre tuve
el maldito presentimiento
de que alguna vez algo fallaría,
aunque yo no quería
dejar de quererme.

Porque vivimos en un mundo
en el que tú mismo te obligas a cambiar
para terminar perdido en una habitación
llena de espejos en la que nunca
te podrás reconocer si no luchas por salir.

Manual para sanar corazones

Para buscar soluciones hay que empezar desde
el principio, indagando en la herida para poder
ver la mejor manera de curarla.

Mientras tanto, ponle ganas a todo.

A luchar por ese sueño
que tienes guardado en el cajón,
a mirarte en el espejo más veces
de las que lo haces,
a olvidar a la persona que nunca
decidió preocuparse por ti,
a besar a quien pensabas
que nunca te atreverías a buscar,
a fijarte en si tu entorno es feliz,
a corregir tus errores para evitar
dañarte y dañar a otros,
a preguntarte a menudo si está todo bien,
a confiar en que todo lo que
parece desordenado encontrará
su sitio en cualquier momento.

Ahí está la clave.

Lo que nos cambió

Nunca te he sentido tan lejos.
Somos solo dos desconocidos
que un día dejaron de quererse
porque no aguantaban más
ese dolor que les recorría
el pecho.

No sé si tú querías marcharte o
volver a intentar cambiar algo de mí
que no tenía por qué irse.

Puede que yo siga sin saber qué hacer,
pero últimamente me acuerdo de ti,
de lo mucho que tardé en darme cuenta
de que no tenías nada para dar,
que no era yo el que debía aprender
a calmarte cada vez que la ira salía de ti,
como si tuviese la medicina para solucionar
todo lo que cada vez iba a peor.

Que no podía curar a alguien
que hacía que dejase de buscar motivos
por los que debiese quedarme ahí.

Escondite

Sabes que todo se está descarrilando
y aun así sigues jugando al escondite
para que nadie te encuentre.

Sé que no te gusta
estar siempre alerta,
que en el fondo estás cansado
porque salir a flote no es
tan fácil como dicen.

Te jode,
ya no sabes ni quién eres,
y puede que tampoco
de qué te escondes.

Pero no vas a seguir siendo así de frágil.
Te da igual que duela.
Te da igual que tarde.
Pero necesitas ganar el juego.

Autosabotaje

Pedí ayuda acompañada
de ira,
voces
y alguna que otra lágrima.

Pedí ayuda aun sabiendo
que lo que venía era aún
más difícil que todo de lo que
había escapado.
Lo hice para poder rescatar
lo poco que me queda en un sitio
que ya no siento que sea un hogar,
para evitar perder una batalla
que solo se oye desde dentro
y que hace tiempo que dejó
de ser un uno contra uno.

Pedí ayuda esperando que,
de alguna manera, llegase por fin la calma.
Esperando poder dejar de luchar.

No tengo la culpa

No tengo la culpa de
que no pueda dar mi opinión en
un mundo en el que nunca
se me ha dado ni voz ni voto
porque hay gente que tiene
tanto odio que puede utilizarlo
para hacerme daño.

Porque puedo sentirlo,
un odio del que no tengo la culpa.

Ni yo
ni los que aman a escondidas.

Ni yo
ni las que tienen miedo
de volver a casa por la noche.

Ni yo
ni ese niño que pasaba cada recreo
en una esquina del patio.

Ni yo
ni quienes se obligan a cambiar
su cuerpo para que los demás
sean capaces de mirarlos
con otros ojos.

Ni yo
ni los que desean desaparecer
para dejar de buscar su lugar.

Porque es tu culpa.
Y sí, oímos el odio a kilómetros
y a unos niveles extremos
con cada palabra que utilizas
para machacarnos,
para perfilar el mundo a tu manera,
para que no podamos huir,
para que dejemos de ser nosotros.

Punto de partida

Desde arriba todo se ve
tan claro que ya no sé
si debo bajarme.

Voy a dejar de intentar
mantenernos vivos
porque no tengo otra elección:
eres tú o soy yo,
y bastante he viajado
para poder encontrar
un lugar en el que me pueda quedar.

Hasta que dejé
de darte demasiado
para que te cansaras de fingir
algo que a mí me hacía
dudar constantemente,
algo que solo me dio razones
para correr lejos de ti.

Indicios

Preferiste callarte porque cuando pedías ayuda
solo era el silencio quien quería atraparte.

Te sentías copiloto aun estando a solas
porque estabas demasiado cansado
como para seguir viajando.

Lo pensaste mil veces porque no querías
volver a escuchar que estabas exagerando,
que el problema lo tenías tú.

Terminaste bloqueándote porque,
por más que lo intentases,
sabías que nada iba a cambiar.

¿Necesitabas más señales
para darte cuenta
de lo que estaba pasando?

No cambies por mí

Siempre me dejas
en medio de una cuerda floja
para que caiga
o para que no me pueda alejar de ti,
sabiendo que estoy obsesionado
por terminar historias a medio escribir
que soy incapaz de continuar
si tú no estás en ellas.

Al principio pensé
que era yo el problema,
que intentaba disimular
palabras vacías
en una conversación
que nunca quieres empezar,
creyendo que esta vez
va a ser distinto
y que me vas a dejar marchar.

Porque no puedo dedicarte
ni una lágrima más
para que me quieras

de la manera en la que
yo lo hago,
para que prometas algo
que sabemos que no vas
a tardar en olvidar.

Ya por lo menos lo sé,
que da igual todo lo que cambie,
vas a seguir siendo tú,
con un imán que me asfixiaba
pero que desde hace tiempo
dejó de unirme a ti.

No cambies por mí.
Ya me ocupo de quererme mucho.
De quererme bien.

Un último abrazo

Necesito silencio,
siento que en cualquier momento
voy a equivocarme.

Apuesto a que
si me tomo un descanso,
alguien ocupará mi lugar
y no puedo culparte por ello.

Pero antes te pido que te quedes
solo un par de minutos
para que me abraces fuerte,
para que no sienta nada más.

Por si lo necesitas

Todo forma parte de
un mismo proceso,
aunque tengas que pausarlo
porque aún no estás listo
para caminar.

Y muchas veces evitamos
acordarnos del dolor para
que así no se quede con nosotros.
Pero hay otras en las que
es el dolor el que
nos ayuda a escribir
un nuevo comienzo
para que podamos avanzar
y perdonar.

Dolerá

Tienes miedo aun sabiendo
que solo vives una vez
y que todo pasa rápido,
ya sea el vacío de una despedida
o los abrazos que creemos eternos.

Y al final terminarás
caminando de la mano de
todo lo que un día dejaste atrás
y de lo que serás a partir de ahora.

¿Cuándo dejará de doler?

Dolerá menos cuando lo llores,
cuando dejes de buscar explicaciones,
cuando escribas lo que sientes,
cuando pidas ayuda,
cuando te acuerdes de mirarte
en el espejo todos los días,
cuando termines ese libro
que nunca llegaste a acabar,
cuando grites hasta deshacerte

de todo lo que has escondido
y no quieres ocultar.

Dolerá menos,
te lo prometo.

Porque habrás encontrado
la manera de decir adiós.

En llamas

En el fondo sé que el error fue mío,
por buscar soluciones en un sitio
que siempre está en llamas,
donde solo se pide ayuda
sin la que no podré salir.

Y me duele
intentarlo todo mil veces
y que solo vea que retrocedo,
que estoy perdiendo
una versión de mí
que pensaba que nunca echaría de menos.

Hasta el punto de no saber
qué será de mí después de esto.

Culpable

No quiero ser el culpable
de trazar una línea
que me divida entre lo que
siempre he querido tener
y de lo que ya no puede
quedarse más aquí.
Podría equivocarme
y no voy a mentirme más.

Ni a mí ni a todas las fotos
de mi habitación
que me recuerdan a todos nosotros.

Ni a mí ni a esa noche
en la que tuve que prometerme
que no iba a volver más.

Ni a mí ni a las maletas
que están desordenadas,
pero listas para viajar.

Tu lugar feliz

Voy a llevarte a un sitio
en el que quieras dar más de ti
sin que temas olvidarte de
las ganas de luchar
cuando creas que vas a perder,
donde todas tus lágrimas
sepan nadar hasta que encuentren
alguna herida que poder sanar,
donde te des cuenta
de que eres bienvenido
y que no hay nadie que te pueda juzgar.

Quiero llevarte allí para que
entiendas que cuando te tienes a ti,
siempre tendrás un hogar
del que volar
sin miedo de caerte,
en el que puedas cuidarte
sin necesitar a nadie más.

Fui yo

Fui el que corrió
por todas las calles
para buscarte
antes de que me dejases aquí;
fui el que odió
los golpes de realidad
porque no quería
decirse la verdad;
fui el que no se acordó
de todas las veces en las que
le dijeron que el amor
no funcionaba de la manera
en la que se suponía
que lo estaba viviendo;
fui el que te dedicó
cada una de estas putas páginas
para que intentases cambiar
algo que no creías que
fuese un problema.

Fui el que te quiso
de la manera más sincera posible,
al que le costó demasiado decirte adiós.

Después de todo

Tiraré del hilo que nos une
y sé que aun así seguirás sin soltarlo,
aunque se rompa.

Y dueles más de lo que debes,
pero prometimos luchar
por lo que tenemos,
porque siempre has odiado tirar la toalla
y yo tampoco me quiero rendir contigo.

Después de todo este tiempo
sé que hay algo dentro de ti
que quiero que se quede
para siempre.

Cambios

Durante todo este tiempo
sabía que podía pasar,
me sentía desnudo
y sin poder aceptar la realidad.

Pero cuando ese momento
llegó no pasó nada,
aunque sabía que
todo era una mierda
y que nadie me podría ayudar.

Todo giró tan rápido que terminaron
las cosas otra vez en su lugar,
incluso las más desordenadas
que pensaba que perdería.

Ahí me di cuenta;
todo vuelve a su sitio
cuando eres tú quien
cambia la forma de ordenarlo,
hasta si ves que se acerca el final
y una voz te pide

que te quedes
porque necesita que veas
que no era tan difícil como
te lo imaginabas.

Que siempre se puede seguir el camino,
da igual si no estás seguro
de cómo sentirte,
si no es con la misma gente,
si tienes que correr hasta cansarte
o si haces una pausa
para evitar caer.

Todo gira,
todo cambia.

Con el tiempo va a volver a su sitio.

Tienes que ser paciente.
Al final, sanas.

Soy mi propio miedo

Cuando el mundo hace
que me sienta diminuto,
me acuerdo de aquel niño
que soñaba con crecer y crecer
sin saber realmente cómo hacerlo.

Aquel niño de mariposas
y atardeceres que ahora no quiere
seguir conociéndose por si descubre
que la poesía que tiene dentro no
son más que letras desordenadas
y rabia acumulada
que evitan que se le parta
el pecho en dos.

El que no tiene miedo de luchar,
pero huye de aferrarse a cualquier
persona porque los abrazos
dejaron de parecerle algo importante.

El que salió del aislamiento para poder
correr contra gritos que querían

obligarle a que retrocediera
cuando él solo quería encontrar
un sitio donde poder sentirse seguro.

El que pensaba que el silencio
era solo para valientes,
pero que vive rodeado de personas
que no son capaces de estar
a solas con ellas mismas
para no descubrir así su caos emocional.

Ese niño que ahora baila
constantemente con sus recuerdos
para poder curar a quienes
viven presos en los suyos.

Nos dimos cuenta

El tiempo nos ayudó
a cambiar lo que en su día
pensábamos que nunca se
iría de nuestro lado.

Y, aun así,
nos costará entender
el motivo por el que
se marchan las personas
más importantes de nuestra vida,
echaremos de menos
a las voces de nuestra cabeza
que nos advertían del peligro,
viviremos fuera de nuestra película
porque tendremos miedo
de como podamos terminarla.

Ahora lo comprendo.
Nada estaba cambiando
hasta que supimos cómo curar
tantas cosas que nunca pensamos
que se romperían,

hasta que encontramos
la manera de aceptar
que no iban a volver.

Hasta que nos dio igual
volver a tener miedo.

Hasta que el final
dio comienzo a otra nueva historia.

Después de la lluvia

Después de la lluvia

¿Y si vuelvo a tener miedo?

Un día mi padre se sentó en un extremo de mi
cama mientras que yo era un completo mar
de lágrimas que intentaba mantenerse lo más
fuerte posible para no derrumbarse delante
de él. Aunque no me preguntó qué me estaba
pasando, me abrazó mientras me decía:
«Hijo, todos los días grises se terminan,
recuerda que siempre va a salir el sol». Y en
ese momento no creo que comprendiese todo
lo que significaba aquella frase porque tenía
demasiado miedo como para entenderla, como
para poder arreglar todo lo que no encajaba a
mi alrededor.

Pero el dolor se acaba, hasta cuando sientes que
estás en mitad de una guerra civil en la que
luchamos contra esa voz de la que no podemos
hablar y creemos que todo son retrocesos;
llegarán personas que te enseñen cuál es la
vuelta a casa, a hablar de aquello que nunca

dijiste, que te acompañarán a ver las estrellas y museos a los que dejaste de ir.

Porque después de todo lo que ha llovido, encontrarás tu lugar feliz, donde no necesites ser constantemente valiente, donde Ander no tenga otro año difícil, donde no dependas de nadie para empezar de cero.

Todo forma parte de un mismo proceso en el que intentamos avanzar día a día, en el que todos los que temen intentan curar sus heridas más profundas para que no vuelvan a doler, en el que todos los que aman valoran a la persona que les ha devuelto las ganas de encender la música que faltaba dentro de ellos y a soltar a quienes hacían que todo fuera oscuro, en el que todos los que luchan gritan alto para ser quienes realmente quieren ser.

Yo fui mi propio miedo hasta que me di cuenta de que no quería un final así para mi historia, hasta que pude cambiarlo contigo. Porque recuerda que formamos parte de la generación de las mariposas, que van a levantarse las veces

que haga falta y que no le tienen miedo a decir
«te quiero», a pesar de que a veces pueda tener
muchas consecuencias.

Hasta que entiendas que, aunque vuelvas a
tener miedo, el amor siempre va a seguir
estando ahí.

Porque el amor también es capaz de salvarnos,
y decir adiós es otra forma de querer.

Frases

I. A veces decir adiós también es otra manera de querer a alguien, de quererte a ti.

II. El error es mío, por intentar buscar soluciones en un sitio donde solo se necesita ayuda.

III. Solo quiero que dejes de buscarme o, por lo menos, que todo esto se acabe si no vas a quererme aquí.

IV. Me dejaste solo con un recuerdo que nunca podré olvidar.

V. Sanarás cuando seas capaz de hablar de todo aquello que te duele.

VI. Cualquier artista lo hubiera mandado todo a la mierda por tenernos en su museo.

VII. Fuiste el ejemplo de que hay finales que te obligan a empezar desde cero.

VIII. Yo solo quería demostrar que el amor adolescente también podía durar toda la vida.

IX. Ayúdame a encender la música que falta aquí dentro.

X. Espero que el mar vuelva a encontrarnos cuando tú me dejes regresar.

XI. ¿Desde cuándo para querer a alguien hace falta dejar de quererse a uno mismo?

XII. Estoy perdiendo una versión de mí que pensaba que nunca echaría de menos.

XIII. No podía curar a alguien que hacía que dejase de buscar motivos por los que debiese quedarme ahí.

XIV. No cambies por mí, ya me ocupo yo de quererme mucho, de quererme bien.

XV. Sé que contigo me despedí de un recuerdo que pensaba que nunca se marcharía.

XVI. Todo vuelve a su lugar cuando eres tú quien cambia la forma de girar.

XVII. Aunque vuelvas a tener miedo, te vas a seguir teniendo a ti.

Agradecimientos

Durante estos últimos dos años he podido cumplir muchos de los sueños que nunca pensé que llegarían a ocurrir. Y escribir este libro, sin duda, es uno de ellos. Ha sido un viaje que me ha ayudado a conocer partes de mí que a veces intento ocultar para no indagar en ellas, a valorar a aquellos que están ahí, a preguntarme de vez en cuando si está todo bien (que es algo muy importante que deberíamos hacer todos). Me siento eternamente agradecido con todo lo que me enseña y me enseñará escribir.

Gracias a mis padres, por esas conversaciones que antes no entendía pero que ahora me ayudan cuando no sé cómo avanzar. No puedo estar más orgulloso de vosotros.

A mi familia, por apoyarme desde que todo esto era una idea que creía que no iba a salir de mi cabeza. Sois los mejores del mundo.

A mis amigos, por enseñarme día a día lo que es que te quieran de la manera más sana posible, por ser un segundo hogar.

A Editabundo y a Penguin Random House, por apostar tanto por mí. Nunca dejaré de agradeceros esa oportunidad tan grande que le disteis a ese niño que solo tenía ganas de cumplir un sueño.

A los que se fueron, a los que acaban de llegar y a los que vendrán.

Al Manu de hace años, por haberse arriesgado a contarle a sus diarios todos sus miedos.

Y gracias sobre todo a ti, lector, por acompañarme en todas mis etapas y por formar parte de esta aventura. Nunca me imaginé lo bonito que es entender a alguien sin llegar a conocerle.

Gracias, gracias y gracias. Me hace muy feliz que estos tres libros me hayan acompañado durante toda mi adolescencia y que lo harán durante toda mi vida.

Espero que podamos encontrarnos en algunas de mis letras y que este solo sea el comienzo de mi historia, de nuestra historia.

Manu Erena (Jaén, 2005) estudió primaria en el CEIP Martingordo de Torredonjimeno, su ciudad natal, y secundaria en el I.E.S. Santo Reino de la misma localidad. Actualmente, cursa el segundo año de Bachillerato Artístico en la escuela de arte José Nogué en la capital jiennense. Comenzó a mostrar interés por diferentes disciplinas artísticas y por las que fueron sus pasiones, la lectura y la escritura, desde muy temprana edad. Es autor de *Consecuencias de decir te quiero* (2020), con la que consiguió revolucionar las redes sociales, y *Nos quedarán más atardeceres* (2021), otro poemario que cautivó a sus lectores.

Soñando. Así empezó esto. Escribiendo mil historias en las que sus personajes se enfrentaban a las adversidades de la vida. Imaginando canciones y finales felices.

Ahora las cosas son un poco más complicadas. Ha tenido que darse cuenta de lo difícil que puede ser a veces decir adiós.

También ha aprendido lo que puede ser amar, sentir, ser. Ha comenzado a conocerse a sí mismo y a descubrir que la vida puede que no sea tan fácil si no se arriesga.